Ralf Tibusek (Hrsg.)

HimmelsSpuren

B|R|U|N|N|E|N

VERLAG GIESSEN · BASEL

© dieser Zusammenstellung 2007 Brunnen Verlag Gießen
Alle Texte dieses Buches stammen aus
„aufwärts – Die Zeitschrift mit den guten Nachrichten"
www.brunnen-verlag.de
Fotos im Innenteil: S. 9, 23, 39, 41, 50, 55, 63 Brunnen Archiv;
S. 15 A. Wohlenberg; S. 21 Hamilton; S. 23 R. Tibusek; S. 33 Brunnen
Verlag Basel; S. 59 DiMäT
Umschlagfoto: ifa, Düsseldorf
Umschlaggestaltung: Sven Gerhardt
Satz: DTP Brunnen
Herstellung: Ebner und Spiegel, Ulm
ISBN 978-3-7655-4002-8

Inhalt

Nichts ist interessanter

Nichts ist interessanter, als Menschen zu begegnen. Etwas von ihren Lebenserfahrungen zu sehen, hören, erleben. Denn jede Begegnung mit einem anderen Menschen verändert auch das eigene Leben. Man bekommt ein weiteres Blickfeld, stellt eigene Ansichten infrage oder wird seiner Meinung sicherer.

In diesem Buch finden Sie zahlreiche Menschen, die mir auf die eine oder andere Art begegnet sind. Manche im persönlichen Gespräch. Über andere habe ich berichtet bekommen. Wieder andere sind mir irgendwie aufgefallen und ich habe ihre Bücher und manchmal auch Briefe gelesen, mich mit Verwandten und Bekannten unterhalten. Es sind ganz unterschiedliche Menschen, aber alle haben eines gemeinsam. In ihrem Leben sind sie gerade an den Wegeskreuzungen, an den Stellen, an denen wesentliche Lebensentscheidungen getroffen werden müssen, Spuren des Himmels begegnet. Und sie haben sich bemüht, diesen Spuren zu folgen und ihr Leben gelingen zu lassen.

Mich haben all diese Menschen beeindruckt und bewegt. Mich nachdenklich, traurig, mutig oder fröhlich gemacht. Genau das will dieses Buch: uns erleben lassen, wie das Leben ist und, egal, was uns begegnet, am Ende gelingen kann.

Ralf Tibusek

„Von guten Mächten wunderbar geborgen"?

Dietrich Bonhoeffer

Nur 39 Jahre alt wurde der evangelische Theologe Dietrich Bonhoeffer. Doch bis heute gilt er als der große Märtyrer der evangelischen Kirche während des so genannten „Tausendjährigen Reichs".

Davon konnte der kleine Dietrich noch nichts ahnen, als er am 4. Februar 1906 zusammen mit seiner Zwillingsschwester Sabine in Breslau das Licht der Welt erblickt.

Aufgewachsen mit zahlreichen Geschwistern in Berlin-Grunewald in einer harmonischen Familie, steht für ihn bereits mit 16 Jahren fest: Ich studiere Theologie. 1923 nimmt er das Studium in Tübingen auf, um 1924 an die Theologische Fakultät nach Berlin zu wechseln. Mit 21 Jahren legt er bereits seine Promotionsarbeit vor.

1928 ist er Vikar in Barcelona. 1929 kehrt er zurück nach Berlin. Hier hält er im Wedding Konfirmandenunterricht bei einer Gruppe junger Leute, an der seine Vorgänger alle gescheitert waren.

Bonhoeffer gelingt ein so guter Kontakt zu den Jugendlichen, dass sich noch Jahre später ein Bibel- und Gesprächskreis regelmäßig trifft. Aber auch seine wissenschaftliche Laufbahn lässt Bonhoeffer nicht außer Acht. Er habilitiert sich und wird 1931 vom Oberkirchenrat zu weiteren Studien in die USA geschickt.

Beeindruckt von der Spiritualität der schwarzen Amerikaner kann er viel von deren Glaubenspraxis seinen Studenten vermitteln, als er nach seiner Rückkehr aus den USA Vorlesungen an der Berliner Universität hält.

Dann kommt das Jahr 1933. Im Februar überträgt der Rundfunk einen Vortrag Bonhoeffers.

„Er kritisiert die Sehnsucht nach einem Führer, der zum Verführer werden muss, wenn er nicht in klarer Begrenzung ablehnt, Idol und Abgott der Geführten zu werden", schildert der Zeitzeuge und Schüler Bonhoeffers, Eberhard Bethge, den Vortrag. Die Rundfunkübertragung wird abgebrochen, bevor der Vortrag beendet ist – ein mehr als deutliches Zeichen dafür, was die Stunde geschlagen hat.

Im Oktober 1933 folgt Bonhoeffer dem Ruf auf die Predigerstelle in zwei deutsche Gemeinden in London: „Es gilt nun, in der Stille auszuhalten und an allen Ecken des Prunkbaues den Feuerbrand der Wahrheit anzulegen, damit eines Tages der ganze Bau zusammenbricht", verabschiedet er sich von seinen Studenten.

Bonhoeffer wird jetzt zum wichtigen Interpreten der Vorgänge in den deutschen Kirchen, die sich bald in „Bekennende Kirche" und NS-nahe „Deutsche Christen" spaltet. Aber im April 1935 folgt er dem Ruf der Bekennenden Kirche zurück nach Deutschland. Er übernimmt die Ausbildung der angehenden Pastoren der immer mehr in den Untergrund gedrängten Kirche und leitet das Predigerseminar Pommern. Mit 25 Vikaren zieht er erst in das Seebad Zingst und dann nach Finkenwalde. In äußerst einfachen Verhältnissen leben und studieren die Vikare und ihr Professor zusammen.

In dieser Zeit schreibt Bonhoeffer zwei Bücher, die zu seinen Lebzeiten noch seinen Namen weit bekannt machen: 1937 „Nachfolge", in dem Bonhoeffer die Begriffe der „billigen" und „teuren Gnade" prägt. „Billige Gnade heißt Gnade als Schleuderware, verschleuderte Vergebung, verschleuderter Trost ... Das sei ja gerade das Wesen der Gnade, dass die

Rechnung im Voraus für alle Zeit beglichen ist. Auf die gezahlte Rechnung hin ist alles umsonst zu haben ... Teure Gnade ist das Evangelium, das immer wieder gesucht, die Gnade, um die gebeten, die Tür, an die geklopft werden muss.

Teuer ist sie, weil sie in die Nachfolge ruft, Gnade ist sie, weil sie in die Nachfolge Jesu Christi ruft ..."

1938 reflektiert er in „Gemeinsames Leben" seine Erfahrungen in der Lebensgemeinschaft in Finkenwalde. In beiden Büchern wird – auch heute noch hochaktuell – etwas davon deutlich, was es heißt, Christ zu sein und als Christ zu leben. Die „Sprengkraft" dieser Bücher ist so gewaltig, dass es kurz nach der Veröffentlichung einer dritten Schrift, „Die Psalmen. Das Gebetbuch der Bibel", zum Schreibverbot für Bonhoeffer kommt. Parallel dazu wird das Predigerseminar Finkenwalde aufgelöst.

1939 reist Bonhoeffer zu Vortragsreisen in die USA. Obwohl ihn gute Freunde drängen, in den USA zu bleiben, nimmt er eines der letzten Schiffe zurück nach Deutschland. Während seiner Gefängnishaft schreibt er im Rückblick auf diese Stunden der Entscheidung an seine Verlobte: „Du musst wissen, dass ich noch keinen Augenblick meine Rückkehr 1939 bereut habe, noch irgendetwas von dem, was dann folgte. Das geschah in voller Klarheit und mit bestem Gewissen. Dass ich jetzt sitze, rechne ich auch zu dem Teilnehmen am Schicksal Deutschlands, zu dem ich entschlossen war."

Nach seiner Rückkehr beginnt Bonhoeffers Leben zwischen den Aufträgen der Bekennenden Kirche, seiner theologischen Forschungsarbeit und den Arbeiten für den inner-deutschen Widerstand. Er war über seinen Schwager Hans von Dohnanyi an die Kreise um General Beck herangeführt worden. Im Auftrag der Widerständler, deren Namen heute mit dem Datum des 20. Juli 1944 verbunden sind – dem gescheiterten Attentat auf Hitler –, nahm Bonhoeffer aben-teuerlichen Kontakt zu seinem Freund, dem Bischof von Chichester auf, um ihn über die Umsturzabsichten zu infor-mieren und um Weiterleitung an entsprechende Stellen der Alliierten zu bitten.

Doch am 5. April 1943 hat alles Lavieren und Taktieren ein Ende. Zuerst wird Hans von Dohnanyi verhaftet, wenige Stunden später ergreift man Bonhoeffer. Bis zum 8. Oktober 1944 sitzt Bonhoeffer im Militärgefängnis Berlin-Tegel und wird zum „Gefangenenseelsorger". Die Wächter lassen ihn heimlich zu Mitgefangenen, verwahren seine Arbeiten, Auf-sätze und Gedichte für die Zukunft. *„Wer bin ich? Sie sagen mir oft, ich träte aus meiner Zelle gelassen und heiter und fest …",* schreibt Bonhoeffer im Juni 1944 in einem Gedicht, um dann seine nach außen nicht durchscheinende Not zu zei-gen: *„Bin ich das wirklich, was andere von mir sagen? Oder bin ich nur das, was ich selbst von mir weiß? Unruhig, sehn-süchtig, krank, wie ein Vogel im Käfig, ringend nach Lebens-atem, als würgte mir einer die Kehle …"*
Innerlich zerrissen und gleichzeitig getröstet fährt er fort:
„Bin ich beides zugleich? Vor Menschen ein Heuchler und vor mir selbst ein verächtlich wehleidiger Schwächling? … Wer bin ich? Einsames Fragen treibt mit mir Spott. Wer ich auch bin, Du kennst mich, Dein bin ich, o Gott!"
Als im September 1944 in Zossen Dokumente der Wider-standsbewegung gefunden werden, liegt eindeutiges Beweis-material gegen Bonhoeffer vor. Zahlreiche Verhöre in der Ge-

stapozentrale folgen, Bonhoeffer wird erst ins KZ Buchenwald eingeliefert und dann vor der immer näher rückenden Front in einem „Holzgaser" zusammen mit zahlreichen anderen Häftlingen ins Hinterland abtransportiert. Der britische Offizier Payne Best hat diese letzten Tage mit Bonhoeffer zusammen verbracht. Er schreibt in seiner Autobiografie: „Bonhoeffer schien mir immer eine Atmosphäre von Glück, von Freude über jedes geringste Lebensereignis und von tiefer Dankbarkeit für die bloße Tatsache zu verbreiten, dass er lebendig war … Er war einer der sehr wenigen Menschen, die ich jemals getroffen habe, für die Gott real und immer nahe war …"

Am Morgen des 8. April 1944 feiern in Schönberg im Bayerischen Wald einige Gefangene in einem Klassenzimmer, das als Gefängnisraum diente, einen

> „Was mich unablässig bewegt, ist die Frage, wer Jesus Christus heute für uns eigentlich ist."

Gottesdienst. Payne berichtet: „Pastor Bonhoeffer … sprach auf eine Weise zu uns, die allen zu Herzen ging. Er fand genau die richtigen Worte, um der Stimmung unserer Gefangenschaft und den Gedanken und Entschlüssen, die sie mit sich gebracht hatte, Ausdruck zu verleihen. Kaum hatte er das Schlussgebet beendet, da öffnete sich eine Tür, und zwei übel aussehende Männer in Zivil traten ein und sagten: ‚Gefangener Bonhoeffer, fertigmachen, mitkommen!' Dieses Wort ‚Mitkommen' hatte unter den Gefangenen nur eine Bedeutung: das Schafott.

Wir verabschiedeten uns von ihm – er nahm mich beiseite – ‚Dies ist das Ende', sagte er. ‚Für mich der Anfang des Lebens.' … Am nächsten Tag wurde er in Flossenbürg erhängt …"

Seine letzte Predigt hielt Bonhoeffer in dem Schönberger Klassenraum zu der Tageslosung aus dem Propheten Jesaja: „Durch seine Wunden sind wir geheilt." Eberhard Bethge schreibt im Nachwort zu der Psalmenauslegung Bonhoeffers: „Das Zeugnis Dietrich Bonhoeffers hatte einmal damit begonnen, zu leben und zu sagen, was das ist, mit Christus zu sein – und es hat damit geendet, zu lehren, was das ist, dass Christus mit uns ist."

Mama Massai

Angelika Wohlenberg

Seit fast 25 Jahren teilt sie das Leben der Massai im Norden von Tansania. Ohne Chef und Terminkalender, aber auch ohne festen Wohnsitz, sauberes Wasser und andere Annehmlichkeiten unserer westlichen Welt. Dennoch würde Angelika Wohlenberg mit niemandem tauschen wollen. Hier ist ihr Platz: als Hebamme, Lkw-Fahrerin, Missionarin, Krankenschwester und Kämpferin gegen die Mädchenbeschneidung, als Internatsgründerin und Schulleiterin.

Die Massai lieben und verehren sie wie eine Heilige. Mit viel Mut, Humor, Einfühlungsvermögen und einem großen Glauben hilft sie ihnen, Veränderungen zu wagen und doch Massai zu bleiben – Menschen mit einer unverwechselbaren Kultur.

„Weißt du, wenn ich in Deutschland bin, traue ich mich kaum zu sagen, dass ich Missionarin bin", sagt Angelika seufzend zu Esther. „Das Wort hat hier einen schlechten Klang. Es hört sich nach Kolonialzeit an, nach jemandem, der anderen das aufzwingen will, was er selbst für richtig hält. Nach fehlender Achtung vor fremden Kulturen und Religionen."

Esther lacht. „Ihr Deutschen seid wirklich lustig. Andere haben da weniger Hemmungen. Zu uns nach Ensgasmet kamen zuerst die Coca-Cola -‚Missionare'. Die sind eigentlich schon da, solange ich mich erinnern kann. Dann kamen die anderen Soft-Drink-‚Missionare' und schließlich Vodafone. Und wenn du mich fragst: Ich finde es gar nicht schlimm. Wir Afrikaner sind doch keine seltenen, wilden

Tiere, die man unter Naturschutz stellen muss. Ich jedenfalls möchte nicht von allen Einflüssen abgeschnitten bleiben. Wir leben in derselben Welt wie ihr. Wir trinken genauso gerne Cola wie ihr, und wir finden Handys auch sehr praktisch. Und wenn ihr uns all das bringt – warum solltet ihr Christen uns ausgerechnet das vorenthalten, was euch am wichtigsten ist? Ich glaube, viele Christen hier haben ein ziemlich schlechtes Selbstbewusstsein. Wenn ich da an meine Gemeinde zu Hause denke ... Wir sind stolz und froh, Christen zu sein." Esther ist eine jener jungen Massai-Frauen, deren Leben sich gewandelt hat.

Angelika Wohlenberg zieht letztes Jahr Weihnachten fast ein Resümee ihrer Arbeit. Sie schreibt über die Massai: „Seitdem so viele Christen am Ruvu leben, werden Frauen nicht mehr geschlagen. Das wäre den Männern inzwischen peinlich ..." Wohlenberg hat sich über Jahre für ein partnerschaftliches Verhältnis der Geschlechter eingesetzt.

Und: „Die Leute sind total offen für Schulbildung." Wohlenberg hat schon vor Jahren eine erste Schule für die Massai gegründet.

Und weiter: „Die Frauen und Kinder sind alle sauber, wirklich alle. Keine Fliege sitzt im Gesicht. Aber das sind nur die äußeren Veränderungen. Das Eigentliche ist ja in den Herzen geschehen. ... Der Weihnachtsgottesdienst dauerte übrigens sechs Stunden ...", und es waren eindeutig fröhliche Stunden.

Vor 25 Jahren

Einen Kulturschock hat man der Krankenschwester und Hebamme Angelika Wohlenberg vorausgesagt, wenn sie in Afrika ankommt. Den bekommt sie, als sie zum ersten Mal in Richtung des für ihr Arbeitsgebiet zuständigen Krankenhauses in Arusha unterwegs ist. In der von Hanna Schott verfassten Biografie „Mama Massai" heißt es lapidar: „Kann es wahr sein, dass auf dieser halb zugewachsenen Piste Kranke transportiert werden?" Und wenig später: „Das Innere des Krankenhauses wirkt sehr freundlich. Nur eins ist äußerst unpraktisch: Es gibt keinen Strom, noch nicht einmal einen Generator. ... Die Instrumente für kleinere Eingriffe werden auf einem Holzkohlenfeuer ausgekocht. ..."

Doch noch ist Angelika Wohlenberg im Kulturgebiet. Ihre eigentliche Aufgabe ist der Einsatz in der Steppe, unter dem Nomadenvolk der Massai.

Bei ihrem ersten Einsatz dort wird sie von Dr. Nangawe begleitet. Stunden fährt der Landrover durch das unwegsame Gelände, bis der erste Boma, so nennt man jene schnell aufgebauten kleinen Massai-Dörfer, erreicht ist. Die Ankömmlinge sind natürlich eine Sensation. Während das Gesundheitsteam die Zelte für die Nacht aufstellt, aus den Benzin- und Wasserkanistern Sitzgelegenheiten bastelt und auf einem kleinen Feuer eine Abendsuppe kocht, werden sie langsam aber sicher vom ganzen Dorf neugierig umringt. Nur die jungen Männer fehlen – sie sind mit den Herden unterwegs.

Dr. Nangawe und sein Team begrüßt man freudig. Sie waren natürlich schon mal hier. Aber wer ist diese Mzungu-Frau? Zwei kleine Kinder sind bei Angelika Wohlenbergs Anblick schreiend weggelaufen. „Ein wildes Tier! Ein wildes Tier", haben sie weinend gerufen. Eine Weiße, eine Mzungu, haben sie noch nie gesehen ... und dann noch mit langen blonden Haaren.

„Angelika ist in die Steppe gekommen, um zu sehen, was eine mobile Klinik ist", verkündet Dr. Nangawe nach dem Essen. „Sie weiß, wie man Krankheiten bekämpft, und sie hat auch schon vielen Babys geholfen, auf die Welt zu kommen. Die nächste Reise wird sie bereits ohne mich machen."

Der Nachmittag im Boma verläuft so, wie es typisch ist für diese mobile Klinik: Malaria, entzündete Augen, Trachome, eiternde Brandwunden, wegen Wurmbefall geschwollene Bäuche, Durchfall, grauer Star, grüner Star werden behandelt.

Noch muss Dr. Nangawe übersetzen, aber bald schon wird Angelika Wohlenberg der Sprache mächtig sein. Sie braucht nur den entsprechenden Anreiz, das Ziel. Dann fällt ihr Lernen leicht.

> „Die Frauen und Kinder sind alle sauber, wirklich alle. Keine Fliege sitzt im Gesicht. Aber das sind nur die äußeren Veränderungen. Das Eigentliche ist ja in den Herzen geschehen."

Am ersten Abend hat Angelika Wohlenberg noch eine Frage. „Hab ich die Toiletten übersehen?"

„Es gibt keine. Die Steppe ist ja groß ..."

Da ist gleich schon ein Thema für die gesundheitliche Aufklärung. Das Übertragen von Krankheiten durch Fliegen lässt sich viel leichter eindämmen, wenn jedes Boma wenigstens ein Plumpsklo hätte. Und nachts das mit einem Dornenwall geschützte Dorf zu verlassen, hat auch schon manchem Massai das Leben gekostet. „Löwen sind hier eine reale Gefahr."

Angelika Wohlenberg ahnt nicht, dass sie in den kommenden knapp 25 Jahren Hunderte Male mit ihrer mobilen Klinik einzelne Bomas besuchen wird – oft nicht mit dem Auto, sondern mit dem Motorrad, das sie sich selbst organisiert.

Ein bisschen verändert sie in der Zeit die Welt. Sie rettet unzählige Menschenleben – Menschen, die durch die medizinische Hilfe wieder eine Zukunft haben. Menschen, die durch den Verweis auf den Gott der Bibel wieder einen Lebenssinn sehen.

Soul Surfer –
Der Tag, an dem der Hai kam

Bethany Hamilton

Es kam buchstäblich aus heiterem Himmel. „Es gab keinerlei Vorwarnung; nicht das kleinste Anzeichen einer Gefahr am Horizont", erzählt die 15-jährige Bethany Hamilton. „Das Wasser war kristallklar und ruhig – es wirkte eher wie ein Pool als die tiefe See von Kauai, Hawaii."

Hier geht der Teenager jeden Morgen mit Freundin Alana Blanchard vom Mädchen-Surfteam von Hanalei surfen. Beide stehen bereits im Notizblock des US-amerikanischen Surf-Nationaltrainers und rechnen sich eine Chance aus, ins Nationalkader berufen zu werden. Dafür muss man viel trainieren. Doch heute sind die Wellen klein und brechen dauernd in sich zusammen. Bethany liegt auf ihrem Surfbrett, lässt den Arm im Wasser baumeln und wartet auf die erste größere Welle des Tages. „Ich weiß noch, dass ich dachte: ‚Hoffentlich kommt die Welle bald mal auf Touren …', als plötzlich ein grauer Schatten auftauchte."

Es ist ein Tigerhai, den die junge Surferin aus den Augenwinkeln sieht. Und der greift an, bevor sie auch nur in der Lage ist zu reagieren. „Der Bruchteil einer Sekunde – das war alles. Ich nahm einen großen Druck und mehrmaliges blitzschnelles Zerren wahr. Ich konnte keine Details ausmachen, aber ich wusste, dass ein riesiger Hai seine gewaltigen Kiefer vorne in mein Surfbrett und meinen linken Arm geschlagen hatte. Dann sah ich unter Schock zu, wie sich das Wasser um mich herum hellrot färbte."

Irgendwie schafft es Bethany, ruhig zu bleiben und die anderen Surfer auf sich aufmerksam zu machen. Ganz emotionslos betrachtet sie wie außenstehend ihre Situation. „Mein linker Arm war fast bis zur Achsel weg, ebenso wie ein halbmondförmiges Stück aus meinem rot-weiß-blauen Surfbrett …"

Die junge Amerikanerin kämpft um ihr Leben – aber es ist ihr noch nicht einmal bewusst. „Ich dachte gar nicht daran, dass der Hai zurückkommen und mich nochmals angreifen würde. Ich habe nicht versucht, vor ihm davon zu schwimmen, und weiß nicht einmal, ob er zu der Zeit noch in der Nähe herum schwamm. Heute ist mir klar, dass er ganz leicht noch mehrmals hätte zubeißen können."

„Setze nicht deine ganze Hoffnung und deinen Glauben auf etwas, das ganz schnell und einfach weg sein könnte."

Zwei Mitsurfer sind die ersten Helfer und schieben sie auf dem Surfbrett Richtung Strand.

„Mein Arm blutete stark, aber das Blut schoss nicht pulsierend heraus, obwohl eine Hauptschlagader offen war. Ich weiß mittlerweile, dass in solchen Wunden die Arterien häufig zurückrollen, sich straffen. Ich bin nicht ausgerastet, aber ich habe wie verrückt gebetet: ‚Bitte, Gott, hilf mir. Gott, lass mich an den Strand kommen', immer und immer wieder."

Es dauert lange, bis der Strand erreicht ist. Und noch länger dauert es, bis ein Rettungswagen eintrifft und die verletzte Sportlerin zum weit entfernten Hospital fährt. Den Bemerkungen der Helfer entnimmt Bethany, dass sie in Lebensgefahr ist. Am liebsten würde sie sich aufgeben, einfach in eine Ohnmacht versinken. Aber dann schiebt sie diese Gedanken beiseite: „Ich bin in Gottes Hand', erinnerte ich mich, und ich zwang mich wieder in das Hier und Jetzt und konzentrierte mich darauf durchzuhalten."

Heute schwört sie, der Glaube habe sie durchgetragen, gerade auch in der lebensbedrohlichen Zeit im Krankenwagen und während der Notoperation. Bethany ist die meiste Zeit bei vollem Bewusstsein, erlebt den Kampf um ihr Leben hautnah mit und kämpft auch selbst. Immer wieder sagt sie sich, dass sie überleben will, dass sie nicht ohnmächtig werden will. Immer wieder betet sie in ihrer Verzweiflung. Stundenlang dauert die Operation. Bethany: „Es ist eine ungeheure Erleichterung, dein Vertrauen auf Gott setzen zu können und dir die Last von den Schultern nehmen zu lassen."

Später, auf der Intensivstation, schaut sie sich immer wieder den verbundenen Stumpf an. „Früher war da einmal mein Arm, und ich dachte: ‚Und jetzt?'"

Als Bethany aus dem Krankenhaus entlassen wird, hat sie mit dem Kapitel Surfen abgeschlossen. Nur spaßeshalber geht sie noch mal an den Strand, schaut den Freundinnen zu – und geht mit einem Surfbrett nach draußen ins Meer. Doch dann geschieht es. „Eine Welle rollte heran, ich bekam sie, stützte mich auf dem Deck ab, drückte mich hoch und – ich stand! Und als ich erst einmal auf den Füßen war, war natürlich alles ganz einfach."

Mit hohem Trainingsaufwand kämpft sich die einarmige Bethany wieder in den Spitzenbereich der US-amerikanischen Surferinnen. Eine ganz neue Technik muss sie entwickeln. Denn üblicherweise drückt sich der Surfer mit beiden Armen vom Brettrand hoch, wenn eine gute Welle zum Abreiten kommt. Bethanys Trainer Ben Aipa bringt ihr bei, sich mittig auf dem Brett abzudrücken – allein das ist schon die hohe Kunst des Gleichgewichthaltens, erzählt Bethany in ihrem soeben im Brunnen Verlag Gießen erschienenen Buch Soul Surfer. Im Sommer 2005 wird sie in die US-Junioren-

Nationalmannschaft berufen und gewinnt ihren ersten Damen-Meistertitel – im Alter von 15 Jahren.

Doch der Sport ist beileibe nicht alles in ihrem Leben. Auch nicht der Erfolg und das große Interesse der Medien an ihrer Geschichte (sie war im US-Fernsehen bei Oprah Winfrey und sogar die ARD ließen sie bereits einfliegen zu einem Gespräch in der Talkshow „Beckmann"). „All dieses glamouröse Zeug ist toll,

aber am meisten freue ich mich auf die Zusammenarbeit mit World Vision, einer christlichen Hilfsorganisation, die armen Kindern in etwa hundert Ländern der Erde hilft."

Bethany reist mit World Vision nach Phuket, Thailand, um traumatisierten Kindern nach der Tsunami-Katastrophe die Angst vor dem Ozean zu nehmen. „Seht her! Ich habe bei einer Hai-Attacke meinen linken Arm verloren und surfe trotzdem weiter. Lasst euch nie unterkriegen!"

Das ist die Botschaft, die Bethany Hamilton der ganzen Welt zuruft, speziell allen Menschen, die schwere Schicksalsschläge hinter sich haben wie sie oder die Opfer der Tsunami-Katastrophe. Und sie kann sagen: „Zu wissen, dass Gott mich liebt und dass er einen Plan für mich hat, den mir kein Hai nehmen kann, ist für mich wie Felsengrund unter meinen Füßen. Vielen Menschen stoßen schreckliche Dinge zu. So ist das Leben. Mein Rat dafür ist: Setze nicht deine ganze Hoffnung und deinen Glauben auf etwas, das ganz schnell und einfach weg sein könnte."

Unbestechlich für Europa

Paul van Buitenen

Ein Frühlingsmorgen im März 1998. Im Büro von Paul van Buitenen, Rechnungsprüfer in der Europäischen Kommission, rasselt das Telefon. „Hallo, ich bin's", sagt eine Frauenstimme. „Eins-drei-eins-drei. Haben Sie verstanden?"

Natürlich hat der holländische Familienvater den lang erhofften Zahlencode verstanden. Die erste Eins steht für einen verabredeten Treffpunkt – ein Brüsseler Restaurant. Die erste Drei für den Wochentag: Mittwoch. Die folgenden Ziffern geben den Zeitpunkt an: 13.00 Uhr.

„Sophie", so der Deckname, den van Buitenen seiner Informantin gegeben hat, ist Mitarbeiterin der Firma Agenor. Die war von der EU-Kommission beauftragt worden, am Berufsbildungsprogramm „Leonardo da Vinci" mitzuarbeiten – ein viele Millionen Euro schweres Projekt. Nun behauptet Sophie, sie habe Beweise für Unregelmäßigkeiten in den Abrechnungen zugunsten der eigenen Firma und einiger EU-Beamter.

Paul van Buitenen bekommt das Material ausgehändigt. Es ist erschreckend.

42 Jahre alt, verheiratet, zwei Kinder, eine Hypothek. Van Buitenen ist wahrhaft kein Mann, der Ärger sucht oder der ein notorischer Querulant ist. Aber seinen Beruf nimmt er ernst. Als einer von vielen Rechnungsprüfern arbeitet er seit Jahren für die EU-Kommission. Seit er 1995 in die Generaldirektion XXII wechselte, die sich unter Leitung von Kommissarin Edith Cresson um Bildung, Ausbildung und Jugend kümmert,

begegnen ihm immer mehr seltsame Abrechnungen, die genauer Überprüfungen nicht stand halten. Klassisch ist der Fall des Wirtschaftsprofessors Jean-Luis Reiffers, ein langjähriger Freund von Cresson. Reiffers leitet ein Leonardo-Projekt – und hat gleichzeitig für das selbe Projekt einen Beratervertrag in Höhe von rund 75.000 Euro im Jahr. Ein klassischer Fall von Interessenskonflikt.

Nur ein Beispiel von vielen. Doch van Buitenens Memoranden an seine Vorgesetzten verlaufen im Sande. Nichts wird unternommen, die Fälle werden zu den Akten gelegt oder verschleppt, bis das EU-Parlament – unwissend über das Finanzgebaren der Kommission – den Haushalt absegnet und neue Gelder bewilligt.

Die Kollegen von van Buitenen sind ähnlichen Erfahrungen ausgesetzt, aber niemand traut sich zu handeln. Aber dafür werden dem mutigen Holländer zahlreiche Dokumente und Unterlagen zugespielt, die weit über seinen eigentlichen Arbeitsbereich hinaus belegen, dass Verstöße gegen die Amtspflichten in der EU-Kommission durchgängig geschehen und Gelder unrechtmäßig ausgegeben werden. Van Buitenen stellt ein umfassendes Dossier zusammen, informiert eindringlich seine Vorgesetzten und letztendlich Kommissionspräsident Jacques Santer.

Seine direkten Vorgesetzten drohen ihm mit Entlassung, der Generalsekretär ignoriert sein Schreiben.

Was soll van Buitenen nun tun? Auf sein Gewissen hören?

Oder sich damit zufrieden zu geben, alles ihm Mögliche getan zu haben?

Seit einiger Zeit ist van Buitenen praktizierender Christ. Eine Kollegin hat dazu den Anstoß gegeben, die ihm wegen ihrer Freundlichkeit und Zuverlässigkeit aufgefallen war. Auf ihrem Schreibtisch sah er eines Tages eine Einladung zu einer Gebetsgruppe. „So etwas gibt es in der Kommission?", fragte er sich. „Das war neu für mich. Gott war für mich eine Erfindung der Menschen, um ihre eigene Verantwortung abzuschieben."

Kein intelligenter Mensch könne doch an so etwas glauben.

Neugierig beobachtet er seine Kollegin intensiver und stellt fest, dass sie vor wichtigen Entscheidungen betet. „Das fesselte mich irgendwie!", kommentiert er heute. Erst als er ihr sein ernsthaftes Interesse an ihrem Glauben deutlich machen kann, erzählt sie van Buitenen mehr von dem, was sie „Erfahrungen mit dem Glauben" nennt. Van Buitenen: „Es zeigte sich, dass sie nicht aus Gewohnheit gläubig war, sondern sich erst im Laufe ihres Lebens bewusst dazu entschieden hatte."

Der Familienvater informiert sich weiter: „Das Ganze beschäftigte mich immer mehr. Ich begann in der Bibel zu lesen. So sehr dies alles auch Neuland für mich war, fühlte ich doch, dass ich nicht darum herum kam. Die Sache sprach mich an."

Van Buitenen macht, wie er selbst sagt, „einen persönlichen Wandel" durch. Er ändert seine Glaubenseinstellung und bezeichnet sich seitdem offen als Christ, geht regelmäßig in eine Anglikanische Gemeinde in Brüssel und die dortigen Gottesdienste. „Mein Glaube hat mir von da an viel Halt gegeben. In meiner Arbeit in der Kommission gab er mir den Mut, den dichten Dschungel zu durchdringen – vor allem als ich dann beschloss, auch tatsächlich etwas dagegen zu tun."

Etwas gegen die Korruption und für Europa unternimmt er dann tatsächlich – nachdem er sich intensiv mit seiner Frau und seinem Gemeindepastor unterhalten hat. Van Buitenen reicht ein 20 Zentimeter dickes Dossier bei den Fraktionen des EU-Parlaments ein mit Belegen für zum Beispiel 650 Millionen Euro verschwundener Gelder aus dem humanitären Hilfsprogramm oder dem von der EU mit 136.000 Euro bezahlten 24 Seiten starken Aufzeichnungen des Lebensgefährten von Kommissarin Cresson, die wissenschaftlich nicht zu verwerten aber offiziell nicht beanstandet wurden.

Acht Tage nach van Buitenens Aktion verweigert das EU-Parlament, den Haushalt der Kommission abzusegnen und setzt einen Untersuchungsausschuss ein, der das Finanzgebaren durchleuchten soll. Sie bestätigen van Buitenens Unterlagen, die EU-Kommission sucht ihr Heil im Rücktritt.

Doch van Buitenen trifft es hart: Er wird strafversetzt, seine Bezüge werden gekürzt, immer noch droht ein Disziplinarverfahren. Warum? Weil er das

„Es dauerte lange, bis ich mich entschlossen hatte, etwas gegen den Korruptionsdschungel in Brüssel zu tun."

höchste demokratische Kontrollgremium der EU-Verwaltung, das EU-Parlament, informiert hat – unberechtigt, wie die ihm vorgesetzten Verwaltungsbeamten meinen. EU-Parlamentarierin Heidi Hautala sieht das anders: „Ihm verdanken wir, dass es nun Aussicht auf eine bessere Zukunft gibt."

So sieht es auch der Europäische Steuerzahlerbund. Er zeichnet Paul van Buitenen für seinen Mut aus. Und die Chefredakteure zahlreicher europäischer Zeitschriften wählen ihn zum „Mann des Jahres".

In seiner Heimat Holland gründet er mit Freunden eine eigene Partei und zieht auf Anhieb ins EU-Parlament ein.

Kleine fremde Tochter Prisca

Regina Günther

Es ist nur ein kurzer Anruf, doch danach ist für Regina Günther und ihren Mann nichts mehr wie vorher: „Ihre Blutwerte sind nicht in Ordnung!"

Im fünften Monat der Schwangerschaft diagnostizieren die Ärzte eine wahrscheinliche Schwerstbehinderung beim Ungeborenen. Spezialuntersuchungen setzen ein. „Ihr Kind hat eine schwere Gesichtsschädelschädigung. Was ich hier im Ultraschall gesehen habe, habe ich zuvor noch nie gesehen. Ihr Kind wird nicht lebensfähig sein. Die Behinderung ist zu schwer."

Denn wohl auch das Gehirn sei betroffen. Regina Günther: „Alles geht mir durch den Kopf, während mir die Wucht dieser Nachricht den Boden unter den Füßen wegzunehmen scheint. Noch immer liege ich auf dieser Liege, halte mich an ihr fest und spüre, dass sie fest steht und ich nicht ins Bodenlose falle. Ich zittere, spüre etwas wie Schock und einen dumpfen Schmerz. Trotzdem bewahre ich die Ruhe, beobachte oder erlebe mich wie in einem Film. Sachlich, überlegt und klar stelle ich meine Fragen: ‚Könnte das Kind auch überleben? Ein wie schwerer Pflegefall wäre es dann? Könnten wir es auch zu Hause pflegen? Welche Bereiche genau sind betroffen?' Was für Fragen nach solch einer Nachricht! Doch meine Fragen sind nicht zu beantworten."

Niemand kann mit Sicherheit sagen, was passieren wird.

Die Vorfreude auf ihr Kind verwandelt sich in den kommenden Wochen bei Regina Günther in ein bedrängendes Geflecht von Fragen, Sorgen, Trauer und Angst. Wird das

Kind leben? Wird sie den Anforderungen mit einem schwerstbehinderten Kind gewachsen sein – und das in einer Gesellschaft, die „so etwas" für „vermeidbar" hält? Wie hilfreich ist letztlich eine Diagnose, für die es keine Therapie gibt? Und vor allem: „Wenn unser Kind lebt, wird es dieses Leben *wollen*?"

„Wenn unser Kind lebt, wird es dieses Leben wollen?"

Die Aussage des behandelnden Spezialisten ist eindeutig: „Ich bin kein Befürworter von Abtreibungen ... Aber in Ihrem speziellen Fall würde ich es doch anders sehen. ... Ich halte einen Abbruch der Schwangerschaft für gerechtfertigt, zum Wohle des Kindes."

Kai und Regina Günther müssen sich den Fragen stellen: „Voller Anspannung hören wir die Worte des Arztes. ... Für das Kind ist es das Beste, wenn es jetzt schon sterben darf – warum den Tod hinauszögern? Man würde dem Kind entgegenkommen ... Ich würde Verantwortung für das Kind wahrnehmen."

Obwohl der Befund eindeutig ist, sind die Günthers paradoxerweise erleichtert. Denn die Zeit der Ungewissheit ist vorbei. Dafür steht die Frage der Abtreibung im Raum. Viele Gespräche folgen, viel Zeit des gemeinsamen Schweigens und Denkens. Günthers machen es sich nicht leicht: „So sitzen wir da, mit unseren zum Teil erdrückenden Fragen und Gefühlen. Wir müssen sie aushalten und für uns ganz persönlich eine Antwort finden."

Dabei spielt auch ihr Glaube an Gott eine Rolle: „Gott hat dem Leben den Anfang gesetzt – dürfen wir es beenden, über ein Leben einfach so entscheiden? Hat Gott sich etwa geirrt, als er unser Kind geschaffen hat, es entstehen ließ? ... Wenn wir etwas glaubten, dann dies: Gott irrt nicht, er macht keine

Fehler. Wir wissen instinktiv, es steht uns nicht zu, den Todeszeitpunkt unseres Kindes selbst zu bestimmen."

Günthers wollen offen mit ihrer Not umgehen. Sie informieren ihre Freunde und Gemeindeglieder im sonntäglichen Gottesdienst und bitten darum, dass für sie gebetet wird. Viele versprechen das. Aber dieses Offenheit ist auch schwierig. Regina Günther: „Irgendwann ist das Maß für mich voll. Als wieder einmal einer dieser gut gemeinten Anrufe kommt, merke ich: Ich kann nicht mehr. Nicht mehr x-mal dasselbe erzählen, nicht mehr meine Seele zum hundertsten Mal offen legen … Weinend stehe ich vor Kai, erkläre ihm, dass ich keinen Telefonhörer mehr abnehme und einfach nicht mehr kann und will."

Aber auch das andere gilt in dieser Zeit der Zerrissenheit. Regina Günther: „Es tut gut, dass uns immer wieder Menschen in ihr Leben und ihren Alltag mit einschließen und sich nicht aus Angst zurückziehen, so als wären wir in Quarantäne. Wir erleben etwas davon, wie kostbar Gemeinde sein kann. Christen, die füreinander da sind, miteinander ein Stück Weg gehen – ein Zuhause haben, egal wo man wohnt."

In der zweiunddreißigsten Schwangerschaftswoche setzen die Wehen ein, viel zu früh. Nach der ersten Untersuchung durch die Hebamme kommt Regina Günther direkt in den Kreißsaal. „Wir können unser Kind direkt durch die Bauchdecke spüren, es erfühlen, mit ihm Kontakt halten."

Doch mitten in der Geburtsphase wird Regina Günther klar, dass nichts seinen normalen Weg geht. Innerlich spricht sie mit dem Kind: „Ganz ruhig, gleich hast du es geschafft, gleich bist du bei Jesus!"

Regina Günther schreibt später: „Dann, um 5.30 Uhr, wurde sie tot geboren – unsere kleine Tochter Prisca."

Auch heute noch sind für Kai und Regina Günther viele Fragen offen, müssen sie mit ihrer Trauer und ihrem Leid leben. „Oft sitze ich im Wohnzimmer und weine um unser Kind. Diese Tränen lösen die Anspannung. Ich weiß: Tränen müssen geweint werden. Wer sie jetzt nicht weint, muss sie später weinen."

Und auch: „Meine Beziehung zu Gott wird hinterfragt. Oft ist alles in mir und um mich nur tot, Gott scheint zu schweigen. Dann wieder bleibe ich verzweifelt stehen und frage: ‚Warum, Gott, lässt du so etwas zu?' Ich richte meine Frage an Gott und erlebe, ich kann weitergehen ohne Antwort. Das macht den Glauben wohl aus, Gott entgegen aller Gefühle und verständlichen Argumente vertrauen, wenn er sagt: ‚Denen, die Gott lieben, dienen alle (!) Dinge zum Besten.' Die Frage ist, ob ich daran festhalte oder nicht. Ich will es. Mitten in den Fragen, der Anklage, dem Schmerz – daran festhalten, dass Gottes Absicht mit uns gut ist."

> „Als wieder einmal einer dieser gut gemeinten Anrufe kommt, merke ich: Ich kann nicht mehr. Nicht mehr x-mal dasselbe erzählen, nicht mehr meine Seele zum hundertsten Mal offen legen ..."

Die Tränen meines Herzens

*Sokreaksa Himm überlebte
Kambodschas Killing Fields*

Als Kambodscha am 17. April 1975 an die Roten Khmer fällt, muss sich die große Familie von Sokreaksa Himm der allgemeinen Flucht in die Dschungeldörfer anschließen. Die Roten Khmer bekommen immer mehr Macht, und es gibt immer mehr Tote. Jeder, der sich beklagt; jeder, der gebildet ist; jeder, den ein Denunziant nicht leiden kann – alle werden zum „Studium" geschickt, das heißt: umgebracht.

Schließlich kommt der Tag, an dem die Familie Himm zu einem Grab geführt wird, das auf einer Lichtung im Dschungel schon fertig ausgehoben ist. Einer nach dem anderen fällt unter den tödlichen Hieben der Hacken. Der schwer verwundete Sokreaksa liegt unter den leblosen Körpern seiner Brüder und Schwestern. Und ihre Henker ziehen lachend davon …

Als Sokreaksa an diesem Morgen aus dem Massengrab kriecht, brennt ein verzehrender Hass in seinem Herzen. Wie wird er dieses monströse Verbrechen jemals verarbeiten können?

Sokreaksa wird von einer überlebenden Familie quasi adoptiert. Unter schwierigen Umständen bewältigen sie die kommenden Jahre. Bis im Dezember 1978 Kambodscha von den Vietnamesen eingenommen wird. Die Schreckensherrschaft von Pol Pot und seinen Roten Khmer ist beendet. Sokreaksa ist dreizehn Jahre alt.

Doch damals verstand niemand in Kambodscha, was mit

Sokreaksa los war. „Es gab keine ausgebildeten Psychologen oder Therapeuten, die mir Hilfestellung hätten geben können, keine Ärzte, die mich hätten behandeln können."

Mit seinen seelischen Verletzungen muss der junge Kambodschaner allein zurecht kommen. Ja, es kommt sogar noch schlimmer. Kambodscha ist eine buddhistische Gesellschaft. Und im Buddhismus gibt es nur eine einzige Erklärung für das Leid: Es ist die Folge des „Karmas". Sokreaksa: „Buddhisten glauben an Seelenwanderung. Dies bedeutet, dass die Seele einen ständigen Zyklus von Geburt, Tod und Wiedergeburt durchlebt. Was einem Menschen im Leben widerfährt, ist eine Folge dessen, was er in seinem früheren Leben getan hat. Wenn einem heute etwas Schlimmes passiert, ist man selbst dafür verantwortlich, weil man in einem früheren Leben etwas Böses getan hat."

> „Wenn Gott so gut und mächtig ist, warum hat er dann zugelassen, dass die Roten Khmer meine Familie umbrachten?"

Mitleid mit Sokreaksa gibt es also nicht, auch niemand, der sich um ihn kümmern würde. „Sobald die Leute erfuhren, was mir geschehen war, verurteilten sie mich. Wieder wurde ich zum Opfer durch das, was die Roten Khmer mir angetan hatten."

Über Jahre hinweg kann Sokreaksa nur mühsam sein Dasein fristen. Dann gelingt ihm die Flucht nach Thailand. Mehr als fünf Jahre verbringt er im UN-Flüchtlingslager Khao I Dang. Er ist voller Hass auf die Mörder seiner Familie, voller Hass auf alle, die ihm die Schuld an seinem Leid geben, voller Hass auf jeden, der über ihn bestimmen will.

Khao I Dang ist ein riesiges Lager. Über 120.000 Menschen fristen dort ihr Leben. Unter ihnen auch eine Gruppe kambodschanischer Christen, die sich jeden Tag zum Gottesdienst treffen. Sokreaksa: „Sie gingen im Lager umher und erzählten jedem, der ihnen zuhörte, von der Liebe und der Vergebung von Jesus Christus."

Doch Sokreaksa kann nichts damit anfangen. „Wenn Gott so gut und mächtig ist, warum hat er dann zugelassen, dass die Roten Khmer meine Familie umbrachten?"

Immer mehr versinkt Sokreaksa in Selbstmitleid und Hoffnungslosigkeit. Er sieht keine Zukunfts-Chance mehr, keinen Weg aus dem Lager. „Die Hoffnungslosigkeit war der größte Feind in meinem Leben."

Erst als er das erkennt, wird ihm klar: „Ich habe Hilfe nötig."

Und er erinnert sich an das, was er von den Christen aus der Bibel gehört hat: „Und Gottes Friede, der all unser Verstehen übersteigt, wird eure Herzen und Gedanken im Glauben an Jesus Christus bewahren." Sokreaksa: „Das war es, was ich brauchte: Jemand, der mir Frieden gab und meine Seele vor schwarzer Verzweiflung schützte, die ständig darauf zu lauern schien, mich in die Tiefe zu ziehen."

> „Dass ich einem liebenden Gott mein Vertrauen schenken konnte, veränderte mein ganzes Leben."

Ganz naiv und unbedarft beginnt Sokreaksa zu beten: „Herr, Gott, ich habe genug um mein Leben gekämpft. Ich kann aus eigener Kraft nicht mehr weiter. Ich bin meines Lebens müde, und ich brauche deine Hilfe."

Und Gott erhört sein Gebet. Sokreaksa bekommt die Möglichkeit, nach Kanada einzuwandern. Dort kommt er in Kontakt mit Chuck Ferguson, einem Mitarbeiter des internationalen Hilfswerks World Vision. Der hilft ihm nicht nur bei der Integration ins Land, sondern wird auch zum Gesprächspartner über den Glauben. Was im thailändischen UN-Lager als kleiner Glaube an einen großen Gott begann, wächst langsam weiter. Sokreaksa liest in der Bibel. „Hier war ein Gott, der meine Schmerzen verstand und mitfühlte. Das berührte mein Herz."

Später schreibt er: „Dass ich einem liebenden Gott mein Vertrauen schenken konnte, veränderte mein ganzes Leben. Ich ließ die Bürde des Karma-Buddhismus mit seinem beständigen Kampf, sich Verdienste für das nächste Leben zu erwerben, hinter mir. Jetzt hatte ich die Gewissheit, dass ich ewiges Leben bei Gott haben konnte und dass der Preis für meine Sünden bereits bezahlt war – durch Jesus. Seit jener Zeit ist mein Herz mit Freude erfüllt, und das Leben hat für mich wieder einen Sinn."

Clannad

Das irische Leben der Maire Brennan

April 1975. Fast ausverkauft ist die Berliner Philharmonie. Als Hauptgruppe des Irish Folk Festivals erwarten die Zuschauer die Gruppe Clannad. Als die letzten Akkorde vom Abschlusslied ausklingen, tobt die Halle. Der Applaus will nicht enden. In der Garderobe schaut die Frontsängerin und Harfenspielerin Maire Brennan ihren Geschwistern tief in die Augen: „Also, was ist? Wollen wir es professionell machen?"

In Berlin begann der mittlerweile mehr als dreißigjährige Siegeszug der irischen Familienband. Oder auch der Solokarrieren wie der von Maires Schwester Enya. Was nach außen wie ein Erfolgsmärchen aussieht, entpuppt sich jedoch bei Maire (gesprochen: Moya) Brennan bei näherem Hinschauen als eine schwierige Lebensgeschichte. Aufgewachsen in dem kleinen irischen Dorf Gweedore in der Grafschaft Donegal, ist ein Fernseh-Musikwettbewerb in Dublin eine der ersten Möglichkeiten, das Heimatdorf zu verlassen. Maire Brennan hatte sich gegen zahlreiche Mitschülerinnen durchgesetzt, die sie an der örtlichen Klosterschule hatte und war in einem harten Vorentscheid ausgewählt worden. Musik lag ihr schon immer im Blut, war doch der Vater Musiklehrer und Leiter einer kleinen Tanzband.

Mit ihren älteren Brüdern gründet sie für einen weiteren Wettbewerb die Gruppe Clannad und kann sogar den Sieg davontragen. Ein Ansporn, nach dem Abitur ein Musikstudium aufzunehmen. Zahlreiche Auftritte und erste Konzerte im Ausland absolviert die Band, bis in Berlin die Entscheidung fällt, Clannad und die Musik als Beruf zu betrachten.

Doch während der musikalische Erfolg durch harte Arbeit sich langsam einstellt, verliert Maire Brennan im privaten Leben immer mehr den Boden unter den Füßen. Den traditionellen katholischen Glauben ihrer Eltern und Großeltern wirft sie über Bord, hat zahlreiche kurze Männerkontakte, macht mit Drogen Bekanntschaft. Maire Brennan: „Ich war 19 und erschreckend naiv."

Als sie schwanger wird, trifft sie die einsame Entscheidung zur Abtreibung. Maire Brennan heute: „Nur ein Fehler, ein paar Tage im Leben, aber sie haben mich für immer geprägt. In meiner Naivität meinte ich, ich könnte irgendwann alles vergessen. Aber ein solches Geheimnis kann einen verzehren."

Anfang der 80er-Jahre gelingt Clannad der endgültige Durchbruch. Mit der Titelmusik zum Film „Harry's Game" stürmen sie die Hitparaden. Die Plattenfirma RCA schließt einen langfristigen Vertrag mit der Band, und eigentlich könnte das Leben so schön sein. Doch Maire Brennan hat Probleme mit ihrem Freund Pat. Die Beziehung bröselt. Man ist sich unsicher, ob man auseinander gehen soll – und trifft die Entscheidung, sehr schnell zu heiraten. Schon am Ende der Flitterwochen kriselt es erneut. Maire Brennan: „Es war einfach unrealistisch zu glauben, es würde sich etwas ändern."

> „Ich musste erst lernen, dass Gott meine Gebete hört und dass ich ihm so wichtig bin, dass er mir tatsächlich helfen will."

Nach nur achtzehn Monaten ist die Ehe am Ende – absehbar, wie Maire Brennan heute meint.

Im gleichen Maße, wie die Band populärer wird, gerät Maire Brennan in immer tiefere Depressionen. Trost gibt ihr einzig das von der Großmutter geerbte Gebetbuch. In den vorformulierten Texten findet sie einen Halt.

Ihr privates Leben ist ziemlich aus den Fugen, als Maire Brennan dem Fotografen Tim Jarvis begegnet. Er soll eine Reportage für die Zeitschrift New Musical Express mit Bildern illustrieren, mit der man die neue Produktion von Clannad journalistisch unterstützen will. Maire Brennan und Tim Jarvis kommen auch über Glaubensfragen ins Gespräch. Schnell merkt die irische Sängerin, dass der anglikanische Christ Jarvis eine viel persönlichere Beziehung zu Gott hat als sie, die einem traditionellen katholischen Glauben verhaftet ist, den sie aber nicht praktiziert. Bei einer weiteren Begegnung in London begleitet sie Jarvis zum Gottesdienst in St. Mark in Kennsington. „Zunächst war ich erstaunt, wie ungezwungen es dort zuging", erzählt Maire Brennan heute. Wie Christsein hier praktiziert wurde, fand die Irin interessant und anziehend. Sie kauft sich eine Bibel, beginnt sich eingehender über den Glauben zu informieren. Javis ist ihr dabei eine große Hilfe.

> „Nur ein Fehler, ein paar Tage im Leben, haben mich für immer geprägt."

„Ich zweifelte nie an der Existenz Gottes. Aber ich musste lernen, dass er meine Gebete hört und ich ihm so wichtig bin, dass er mir tatsächlich helfen will." Über eine längere Zeit denkt die Clannad-Sängerin über die wesentlichen Dinge des Daseins nach. Sie beginnt einen neuen Lebenswandel, lässt die Finger von Kokain und Alkohol: „Ich musste mich entscheiden, was mir in meinem Leben wirklich wichtig ist."

Und das ist mittlerweile Gott. Warum sie erst durch manche Tiefen des Lebens gehen musste, bis ihr die Nähe Gottes bewusst wurde, weiß sie nicht. Solche Fragen beantwortet sie gern mit einem Vers:

Erst wenn der Webstuhl schweigt,
die Schiffchen nicht mehr rennen,
wird Gott das Muster offenbaren
und den Grund uns nennen,
warum die *dunklen* Fäden
in des Webers flinker Hand
so wichtig sind wie Gold und Silber
im Muster, das er plant.

Der Mann, der sein Gesicht verlor

Jewgenij Sewerin

Es ist ein erschreckendes Foto, das der Schweizer Chirurg Dr. Kurt Blatter aus dem Briefumschlag zieht. Zwei Frauen und ein Mädchen sitzen auf einem Sofa – und neben ihnen? Ein Mann ohne Gesicht. So scheint es zumindest. Oberarzt Blatter ist geschockt. Der Spezialist für plastische Chirurgie hat schon manches in seinem beruflichen Leben gesehen. Aber jetzt erstarrt ihm schier das Blut in den Adern. „So ein Etwas", gesteht er später, glich „eher einem Fabelwesen" denn einem Menschen.

Das war vor gut acht Jahren. Doch Schweizer Chirurgen vollbrachten seitdem ein kleines Wunder – sie schenkten dem Mann ein neues Gesicht.

Blatter hält seit einigen Jahren aus christlich-humanitärer Einstellung heraus ein „Freibett" in seiner chirurgischen Klinik bereit. Es soll schwerst erkrankten und verletzten Menschen aus politischen Krisengebieten und der Dritten Welt, so genannten Einzelschicksalen, zugute kommen. Und solch ein Einzelschicksal war ihm nun begegnet.

Jewgenij Sewerin (44) heißt der Mann, der sein Gesicht verlor. Alles begann in einem Wald, fast 10.000 Kilometer östlich vom schweizerischen Provinzstädtchen Langenthal, mitten in der sibirischen Taiga nordöstlich von Wladiwostok. Blutüberströmt wälzt sich Förster Sewerin auf dem hart gefrorenen Boden. Über ihm ist eine Bärin, die bereits mehrfach zugebissen hat. Verzweifelt sucht der Schwerstverletzte nach

seinem Gewehr, das ihm beim An-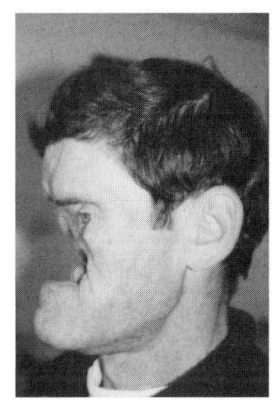
griff des ausgewachsenen Tieres
aus der Hand gefallen ist. Laut
schreit Sewerin um Hilfe, zuletzt
fleht er Gott an – zum ersten Mal
im Leben, wie er heute sagt.

Da fühlt er neben sich etwas
Kaltes. Er greift die Waffe, ent-
sichert und schießt. Der Schuss
verfehlt die Bärin, schreckt sie
aber ab. Jewgenij verliert das Bewusstsein, kommt jedoch nach einiger Zeit durch den Schmerz wieder zu sich.

Mit steif gefrorenen Fingern tastet der erfahrene Waldläu-
fer nach seinem Gesicht. Dort fühlt er nicht nur die Wärme
von strömendem Blut, sondern auch ein großes Loch, wo
eigentlich rechtes Auge, Oberkiefer und Gaumen liegen
müssten. Sehen kann er nichts, denn sein ganzes Gesicht ist
durch Schnee und Blut völlig verklebt.

Mühsam rappelt sich der Verletzte auf, stolpert blind durch
die Gegend. Er weiß sich allein in der Taiga, mindestens eine
halbe Stunde entfernt vom „Holzbeschaffungspunkt Num-
mer 3", wie die Siedlung, in der er wohnt, schlicht genannt
wird.

Doch Not hat ihn beten gelehrt. „Ich schrie zum zweiten
Mal zu Gott!", erzählt der russische Staatsbedienstete. Und
das Wunder geschieht: „Plötzlich spürte ich eine Hand auf
meiner Schulter. Jemand war da, der zwar nicht zu mir sprach,
aber ich spürte es ganz deutlich: Da war jemand, der mich so-
zusagen an der Hand führte."

Sewerin schafft es bis in die Siedlung, wo seine blutige Ge-
stalt zuerst Panik auslöst. Erst an seiner Patronentasche wird
er erkannt und dann notversorgt. Nur mühsam gelingt der

Transport ins nächste Krankenhaus. Dort ist man ebenso überfordert wie im Stadtkrankenhaus von Arsenjew. Notdürftig wird er verbunden und dann zum Sterben in eine Abstellkammer geschoben. 24 Stunden diskutiert Severins Frau mit den Krankenhausärzten, bis sie sich bereit erklären, einen teuren Rettungshubschrauber anzufordern für diesen „hoffnungslosen Fall". Mit dem Hubschrauber gelingt dann der Transport ins 300 Kilometer entfernte Wladiwostok. Fast 36 Stunden nach der Attacke des Bären wird Jewgenij Severin in das Fischerkrankenhaus eingeliefert und sofort in den Operationssaal gebracht.

Nach der Operation zerstören die behandelnden Ärzte noch den letzten Hoffnungsschimmer von Natascha Severina: Ihr Mann werde nicht überleben. Doch Natascha kämpft und betet. Am Bett ihres Mannes durchwacht sie die Nächte, begleitet und tröstet ihn in seinen unsäglichen Schmerzen. Sechs lange Monate pendelt sie zwischen Zuhause, wo die Kinder versorgt werden müssen, und dem weit entfernten Wladiwostok. Dann ist klar: Jewgenij wird überleben.

> „Als mich der Bär überfiel, schrie ich in meiner Verzweiflung zu Gott. Zum ersten Mal in meinem Leben. Und plötzlich war da jemand ..."

Jewgenij Severin lebt, aber er ist entsetzlich verunstaltet. Nach Hause entlassen, traut er sich nicht mehr unter Menschen. Und an eine kosmetische Operation ist nicht zu denken. Bis auf die freundschaftliche Beziehung zu einer Familie brechen alle Sozialkontakte der Severins ab. Nur die Mitglieder der örtlichen christlichen Gemeinde, der sich die Försterfamilie angeschlossen hat, kümmern sich mit ihren bescheidenen Möglichkeiten um die Familie. Man betet und man leistet finanzielle Hilfe. Denn die Familie

Sewerin ist mangels sozialem Netz in Russland nach dem Unglück und dem langen Krankenhausaufenthalt völlig verarmt. Eine schier aussichtslose Situation.

Bis seine Geschichte auf dem Schreibtisch von Dr. Blatter landet. Über vielerlei Umwege und wohl auch durch den Einsatz von russlanddeutschen Christen mit ihrem Kontakt in die alte Heimat hatte man von Blatters Einsatz für

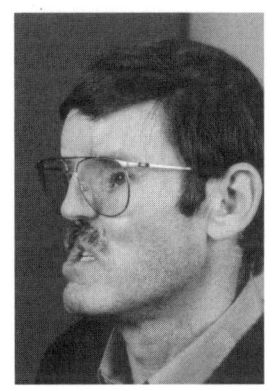

Not leidende Menschen erfahren. Der kann tatsächlich in Hoffnung auf Spendengelder ein Bett bereitstellen und gewinnt ein hoch spezialisiertes Berner Chirurgenteam zur kostenlosen Mitarbeit. Trotzdem muss er rund eine halbe Million Schweizer Franken aufbringen. Die Nutzung medizinischer Geräte, das Erstellen der Gesichtsprothese, Reisekosten – all das summiert sich. So lässt Blatter notgedrungen, wie er erzählt, das Schweizer Fernsehen und zahlreiche Tageszeitungen über den Fall berichten. Und das mit großem Echo für Sewerin. Die Schweizer spenden, um wenigstens das körperliche Leid des Försters zu lindern. Die seelischen Qualen, groß ist auch die Belastung durch die zahllosen Operationen, vermindert er durch seinen neuen christlichen Glauben. Und auch seinen Humor scheint er irgendwie wiedergewonnen zu haben. Als Dank für die geleistete Hilfe schenkte er den behandelnden Ärzten das Gebiss jener gefräßigen Bärin.

Im Jahr nach der OP ist Jewgenij Sewerin zu einer Nachbehandlung in der Schweiz. Die Implantate und seine „Gesichtsprothesen", die so genannten Epithesen, müssen nachkontrolliert werden. Gerade ist im Brunnen Verlag Basel das

Buch von Dr. Blatter über Jewgenij Sewerins Geschichte erschienen, und der Förster reagiert bereitwillig auf die Anfragen einiger Buchhandlungen, vor Ort von seinem Fall zu berichten. Erstaunt stellt er fest, zum Medienereignis geworden zu sein. Kamerateams von RTL, SAT1, Pro7 und dem Schweizer Fernsehen interviewen ihn ebenso wie zahlreiche Rundfunkstationen und Reporter der BILD-Zeitung. Sewerin nutzt diese Gelegenheiten, um von seinem Glauben an Gott zu berichten, der sich in den letzten Jahren gefestigt hat. Mit Frau und den drei Kindern besucht er regelmäßig den Gottesdienst einer Baptistengemeinde in Arsenjew und nimmt an der Bibelstunde teil. Und christliche Bücher lese er für sein Leben gern, erzählt er Christian Meyer, dem Lektor des Brunnen Verlag Basel. Seine großen Favoriten seien eine russische Übersetzung eines Buches des Essener Jugendpastors Wilhelm Busch: Jesus unser Schicksal. Und auch die Autobiographie der schwerstbehinderten amerikanischen Schriftstellerin Jony Eareckson-Tada lese er immer wieder.

Und wie er sein Schicksal verkraftet? Aus der Jackentasche holt er ein selbst geschriebenes Spruchkärtchen hervor, das ihm seine Frau geschenkt hat und er immer bei sich trägt: „… und sagt Dank Gott, dem Vater, allezeit für alles, im Namen unseres Herrn Jesus Christus" (Eph. 5,20).

Beatles, Gurus und die Bibel: Apple Records-Manager auf der Suche nach der Wahrheit

Ken Mansfield

John, Paul, Ringo und George – die Beatles. Wohl keine Musikgruppe hat das Denken und Handeln ganzer Generationen im 20. Jahrhundert so beeinflusst wie die vier „Pilzköpfe" aus Liverpool. War ihre Musik vor rund vierzig Jahren für viele „ein Skandal", ihre Haartracht „eine Provokation", sind die Beatles für die so genannte „68er-Generation" in vielen Dingen ein Vorbild gewesen.

Die Beatles brachen mit den Konventionen – nicht nur im Musikbereich, aber auch dort. Kein Wunder, dass sie sich relativ schnell auch mit den überkommenen Strukturen der Musikbranche überwarfen und versuchten, eigene Wege zu gehen. Ihren weltweiten Siegeszug traten die Popmusiker an, als sie mit Apple Records ihre eigene Schallplattenfirma gründeten. „Wir wollten Amerika erobern", beschrieb John Lennon die Absichten der Beatles.

Entscheidender Helfer bei der Verwirklichung dieses Ziels war Ken Mansfield. Der junge US-Amerikaner war bei der Plattenfirma Capitol Records verantwortlich für Künstlerbetreuung. Aus seinen beruflichen Kontakten mit den Beatles entwickelte sich eine Freundschaft – die Beatles bitten Mansfield, die Leitung von Apple Records in den USA zu übernehmen. Der Erfolg der Beatles in den USA ist seitdem unauflöslich mit dem Namen Ken Mansfield verbunden.

Wie die Beatles und mit den Beatles ist auch Mansfield auf der Suche nach dem Sinn des Lebens. Aufmerksam beobachtete er im Frühjahr 1968 deren spirituelle Reise nach Indien in den Ashram des Maharishi Mahesh Yogi.

1969 gibt George Harrison den letzten Anstoß für Mansfield, der letztlich „auf zehn Jahre metaphysische Studien, sieben Jahre praktizierten Vegetarismus und fünf Jahre als Jünger eines internationalen Gurus" hinauslief.

Doch Manfields Suche nach Lebenssinn bleibt ähnlich ergebnislos wie die der Beatles. „Irgendwann stellte ich fest, dass ich viel Zeit verschenkt hatte." Er gibt auf, stürzt sich in die Arbeit. „In manchen Jahren habe ich mehr Flugkilometer hinter mich gebracht, als den Piloten oder dem Bordpersonal erlaubt war. Eines Morgens wachte ich in einer Penthouse-Suite in Honolulu auf. Ohne die Vorhänge zu öffnen, kleidete ich mich an und verließ mit den Akten für eine Sitzung in Kansas City unter dem Arm das Hotel. Erst als ich die Palmen und den Strand sah, dämmerte mir, das hier irgend etwas falsch ist."

> „Auf der Suche nach Lebenssinn habe ich ungeheuer viel Zeit verschenkt."

Im August 1984, körperlich wie seelisch völlig ausgebrannt, nimmt Mansfield einen Termin in den „Tompall's Studios" in Nashville war. Bei einer kleinen Feier zum Abschluss der Musikproduktion lernt er in einem Lokal eine junge Frau kennen. In den nächsten Tagen diskutiert er mit ihr lang und ausführlich seine Auffassung vom Sinn des Lebens. „An einem Abend legte ich all mein ,spirituelles Gepäck' auf den Tisch."

Dabei werden sehr unterschiedliche Auffassungen deutlich, die in einem kleinen Wort liegen: *„der* Weg" und *„ein* Weg".

Mansfield: „Sie bezeichnete Jesus als ‚den einzigen Weg‘, ich akzeptierte ihn als ‚einen möglichen Weg‘, zur Bergspitze der spirituellen Wahrheit."

Die junge Frau beendet kompromisslos die Diskussion und lässt Mansfield allein zurück, der nicht nur über dieses konsequente Verhalten erstaunt ist, sondern auch feststellt, dass ihn die junge Frau fasziniert. Noch nie ist er jemandem begegnet, der seinen persönlichen Glauben über eine private Beziehung stellt. Nach längerem Nachdenken wird ihm deutlich, dass er hier jene Glaubensintensität, jene Ernsthaftigkeit in der Sinnsuche gefunden hat, nach der er so lange gesucht hat. Erneut sucht er den Kontakt zu der jungen Frau, begleitet Connie in ihre christliche Gemeinde, setzt sich mit dem Gott der Bibel auseinander. „Hier sah ich Glaube und Vertrauen ganz greifbar. Ich war so bewegt von der christlichen Liebe, dass ich das auch unbedingt haben wollte. Es war wohl die wichtigste Entscheidung in meinem Leben, als ich mich diesem Gott anvertraute und Jesus Christus als meinen persönlichen Retter akzeptierte. Ich begann ein neues Leben."

Das wirkte sich auch auf Mansfields Arbeit aus. 1991 produzierte er mit der Gaither Vocal Band das Gospelalbum Homecoming und wurde dafür mit einem Grammy ausgezeichnet. Heute ist er mit jener Frau aus Nashville verheiratet und freut sich, wenn ihn einzelne Mitglieder der Beatles besuchen – was nicht selten passiert.

„Für mich ist Ostern geworden"

Belinda

14 Jahre alt war Belinda (Name von der Redaktion geändert), als ihre Eltern sich scheiden ließen. Mit ihrer Mutter zog sie in eine mittelhessische Stadt und wechselte auf die örtliche Gesamtschule. Soziale Kontakte bekam sie ganz schnell zu zwei völlig verschiedenen Gruppen: Ein Schülerbibelkreis bemühte sich um „die Neue", ebenso aber auch eine andere „Clique". Einige jüngere Mitglieder saßen während des Unterrichts zufälligerweise neben Belinda.

Auf einer Party, zu der Belinda eingeladen wurde, kam sie in Kontakt mit der Modedroge Ecstasy. Die familiären Probleme schlugen auf ihre schulischen Leistungen durch, das verlorene soziale Umfeld konnte sie nicht mehr schützen. Belinda driftete in die Drogenszene ab und musste ihre beginnende Sucht finanzieren. Ihr Dealer und „Freund" aus der Clique brachte sie in Verbindung mit dem örtlichen Straßenstrich. In Belindas Augen die einzige Möglichkeit, ihre hohen finanziellen Bedürfnisse zu stillen.

Parallel zu diesen Ereignissen nahm Belinda immer noch am Schülerbibelkreis ihrer Schule teil. Eine Mitschülerin schenkte ihr kurz vor Ferienbeginn die Bibellesehilfe „Start in den Tag", die der Christliche Verein Junger Menschen (CVJM) seit vielen Jahren zusammen mit dem Brunnen Verlag Gießen herausgibt. Zusammen mit einem Geburtstagsgeschenk, der Bibelübersetzung „Hoffnung für alle", verschwand jedoch alles in ihrem Nachttisch. Hineingeschaut hat sie nicht.

Bis dann ihre Mutter nach einem Autounfall für mehrere Tage ins Krankenhaus muss. Sie hatte Gerüchte von Belindas Straßenkarriere gehört und völlig verstört einem Lkw die Vorfahrt genommen.

Die psychische Belastung durch ihre Gesamtsituation lassen Belinda die Bibel aufschlagen. In „Start in den Tag" findet sie die Adressen der Autoren. „Ich wollte unbedingt Kontakt mit jemandem, der mich nicht kennt", sagt Belinda heute. Sie schreibt einen Brief. Nach einer schnellen Rückantwort legt Belinda ihre Lebenssituation umfassend dar. Die mittlerweile 16-Jährige sieht keinerlei Ausweg mehr. „Da kann mir doch nicht einmal mehr Gott helfen", schreibt sie im nächsten Brief. In der täglichen Bibellese wird die Passions- und Ostergeschichte

„Mir ist von Gott vergeben worden. Mit meiner Mutter habe ich telefoniert. Wir haben furchtbar geweint."

gelesen. Die Auslegungshilfen erläutern, dass Christus für unser aller Schuld am Kreuz gestorben ist. Egal, wie schlecht man sich fühle, Christus habe diese Schuld auf sich genommen. „Wer das selbst erfahren will", schreibt einer der Autoren an Belinda, „kann das in einem ganz einfachen Gebet Gott sagen."

Belinda greift zum Telefonhörer. In mehreren langen Telefongesprächen klärt sie alle ihre Fragen, die sie zur Bibel und zu Gott hat. Die Teilnahme an einer Jugendbibelfreizeit wird ihr empfohlen – nicht zuletzt deshalb, weil Belindas Mutter eine mehrwöchige Rehabilitationsmaßnahme antreten muss.

Wenige Tage später schreibt Belinda erneut einen Brief an „ihren" Autor von „Start in den Tag". „Für mich ist jetzt ganz persönlich Ostern geworden", steht in ihrem Brief. „All das, was ich angestellt und gedreht habe, ist mir von Gott vergeben worden. Mit meiner Mutter habe ich ganz lange telefoniert. Wir haben furchtbar geweint."

Mit Mutter, einem Vertrauenslehrer, dem Autor von Start in den Tag und Mitarbeitern des Schülerbibelkreises wurden Wege und Strategien entwickelt, Belindas Leben wieder in geordnete Bahnen zu lenken. „Es klappt. Gott sei Dank", schreibt sie in ihrem letzten Brief.

Ein brasilianischer Straßenjunge

Marcio

Seinen Vater hat er nie gekannt, seine Mutter war eine Prostituierte. Wer Marcio heute kennen lernt, ahnt nicht, welche tragische Geschichte sich hinter diesem fröhlichen und aufgeweckten Jungen verbirgt. Im Alter von einem Jahr kam er in ein Waisenhaus in Curitiba. Sieben Jahre lebte er hier mit seinen Brüdern, um dann auszubrechen: Der teilweise menschenverachtende Umgang der Erzieher mit den Kindern hatte ihn dazu getrieben. Aber das Leben „draußen" ist noch brutaler. Schnell lernt er das Gesetz der Straße kennen. Drogen, Sex und Gewalt prägen das Leben der Straßenkinder – und die permanente Angst vor den Todesschwadronen, denen viele hundert Kinder in Brasilien zum Opfer fallen. „Ich war jetzt ein *maloqueiro*, ein Strolch, ein Herumtreiber, der von und auf dem Müll lebt, schmutzig, stinkend, mit abgerissener Kleidung. Ich ekelte mich vor mir selbst", berichtet Marcio. Aber es gab kein Zurück. „Ich bettelte um Brot. ... Bei einigen Leuten durfte ich den Rasen mähen und als Dank dafür im Garten schlafen", beschreibt er sein trauriges Leben. Um den Achtjährigen kümmerte sich niemand.

> „Als Jesus in mein Leben kam, änderte sich alles.
> Ich bekomme nicht alles, was ich mir wünsche, aber alles, was ich brauche."

Gut acht Jahre schlägt sich Marcio in Curitiba durch, bis es ihn nach Sao Paulo treibt, der drittgrößten Stadt der Welt. Wieder lebt er auf und von der

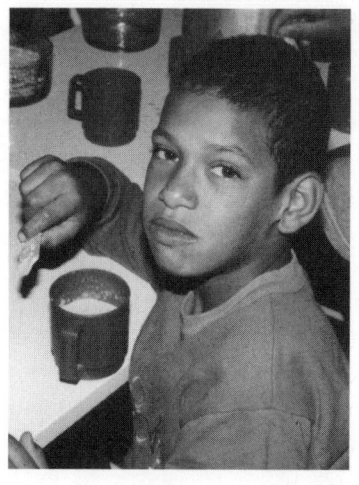

Straße. Bis man ihn auf die Sozialstation der Heilsarmee verweist. Zögernd sucht er Kontakt, wird freundlich empfangen und mit offenen Armen aufgenommen. Man versorgt ihn mit dem Nötigsten: einem sicheren Schlafplatz.

Dann kommt es zu einem entscheidenden Gespräch: Kapitän Roland Meylan, Leiter der örtlichen Heilsarmee-Station, bei dem Marcio schon seit einiger Zeit mit am Mittagstisch sitzt, spricht ihn auf sein Leben an. Und er erzählt ihm von Gott. Marcio: „Für mich war es, als würde ich alles zum ersten Mal hören. Es traf mich. Ich spürte, dass da etwas war, wonach ich schon lange gesucht hatte. Was der Kapitän sagte, das ging mich persönlich an, ganz persönlich. Und ich bekehrte mich. Ich übergab Gott die Führung meines Lebens, und mein Leben begann sich zu ändern."

Marcios Leben ändert sich tatsächlich so grundlegend, dass man meinen könnte, es wäre einem wirklichkeitsfremden Schnulzenroman entnommen. Innerhalb von 14 Tagen findet der Jugendliche eine feste Arbeitsstelle und kurz darauf eine preiswerte Wohnung: Er kann die Straße verlassen. Marcio: „Ich habe es wirklich gut getroffen."

Zurückblickend ist er dankbar für die Bewahrung, die er auf der Straße erfahren hat: „Heute weiß ich, dass das ‚Etwas', das mich all die Jahre auf der Straße bewahrte, eine Person ist: Jesus Christus. Für mich war das eine tolle Erfahrung. Gott hat auf mich aufgepasst auf der Straße, die ganze Zeit."

Derzeit macht Marcio neben seiner Arbeit die Schule nach. Gerade hat er die fünfte Klasse absolviert. Marcio: „Was ich jetzt erreiche, erreiche ich aufgrund einer Liebe, die ich früher nicht kannte. Als Jesus in mein Leben kam, änderte sich alles. Alles wurde leichter. Ich bekomme nicht alles, was ich mir wünsche, aber alles, was ich brauche."

Wie gerät man in die Fänge einer Sekte?

Monika und Werner Deppe

Eigentlich ist es kaum zu glauben. Aber immer wieder passiert es: Noch immer schließen sich Menschen dieser oder jener Sekte an. Auch der Kauffrau Monika Deppe und ihrem Gatten ist das passiert. „Ich habe ihnen einfach geglaubt", sagt die Windelsbacherin heute. Die ersten Kontakte zu den Zeugen Jehovas, jener Gruppierung, der sich das Ehepaar Deppe schließlich anschließen sollte, waren so einfach wie banal. Nachdem sich das Ehepaar als Familie eingerichtet hatte, das Berufsleben seine gute Bahn lief und der Sohn aus den zeitintensiven Kleinkindjahren heraus war, kamen Monika Deppe und ihr Mann ins Nachdenken. Monika Deppe: „Sollte das der ganze Sinn des Lebens sein, jahraus, jahrein hinter dem Geld herlaufen, ab und zu eine lustige Party feiern, gut essen und trinken und dabei alt werden?"

Den Deppes reichte es nicht: „Es musste doch noch etwas anderes geben, was diese innere Leere ausfüllen könnte."

Das Ehepaar machte sich auf die Suche, auch wenn die Lebenssinnfrage im Freundeskreis überhaupt nicht aktuell war: „Immer wenn wir die Frage nach dem Sinn des Lebens im Verwandten- und Freundeskreis diskutieren oder auch nur ansprechen wollten, stießen wir auf Unverständnis."

Werner Deppe meinte schließlich sogar: „Vielleicht sind wir tatsächlich ein bisschen verrückt."

In dieser Zeit kam Werner Deppe manchmal mit einem

„Wachtturm" nach Hause, einer Zeitschrift, die er irgendeinem Zeugen Jehovas an der Straßenecke abgekauft hatte. „Wir fanden es bewundernswert, dass Menschen mitten auf der Straße ihren Glauben so bezeugten", erklären sie heute dieses erste Interesse.

Und dann saßen an einem Sonntagvormittag zwei dieser Zeugen Jehovas im Familienwohnzimmer. Aus purer Neugier waren sie von Deppes hereingebeten worden, als sie wieder einmal an der Haustür klingelten. Einer der Zeugen Jehovas holte die „Bibel" der Wachtturmgesellschaft aus seiner Tasche und meinte: „Dieses ist Gottes Wort, es ist die absolute Wahrheit und der Leitfaden für unser persönliches Leben. Ich gehe als Zeuge Jehovas von Tür zu Tür und suche jemanden, der mir meinen Glauben mit der Bibel widerlegen kann, aber ich habe bis heute niemand gefunden."

„Es muss doch etwas geben, das die innere Leere ausfüllt."

Deppes waren beeindruckt. Und weil das vor ihnen sitzende Ehepaar nicht nur gleichen Alters war, sondern auch sehr sympathisch, kam man in ein intensives Gespräch über Gott und die Welt. Man einigte sich sogar, diese Gespräche fortzusetzen.

Aber leichtgläubig und naiv waren Deppes nicht. Sie schafften sich selbst ein bisschen Fachliteratur an, nahmen sogar Kontakt zum Pfarrer ihrer Kirchengemeinde auf, um sich Ratschläge und Hinweise zu holen. Der erbat sich etwas Zeit, ließ aber letztlich trotz mehrfachem Nachhaken nichts von sich hören außer dem Hinweis: „Sie stehen auf meinem Schreibtisch." Die Informationen kämen bald … Dem war aber nicht so. Dafür boten die Zeugen Jehovas auf alle wichtigen Fragen nicht nur einsichtige Antworten an, sondern zeigten durch ihren Lebensstil beeindruckend, wie ernst ihnen ihr Glaube war. Deppes informierten sich weiter, nahmen aber bereits regelmäßig an den Veranstaltungen der Zeugen Jehovas teil.

Langsam und unmerklich richteten sie ihr ganzes Leben nach dem Veranstaltungsplan. Monika Deppe: „Außer mit Arbeitskollegen trafen wir fast nur noch mit Zeugen Jehovas zusammen. Unsere Familie sahen wir nur noch selten."

Und es ging noch weiter: „Da wir kaum noch andere Gedanken aufnahmen als die der Wachtturm-Gesellschaft – zum Lesen anderer Bücher fehlte uns meist die Zeit –, veränderte sich nach und nach auch unser eigenes Denken, ohne dass es uns bewusst wurde. Auch wir dachten und handelten fast nur noch im Sinn der Sekte."

Deppes treten den Zeugen Jehovas bei – und werden plötzlich aufgefordert, noch intensiver am Gemeindeleben und am „Zeugendienst" teilzunehmen. Monika Deppe: „Wir rafften uns jedesmal auf, weil wir als vollwertige Mitglieder von der Versammlung anerkannt sein wollten."

Da mittlerweile fast alle ihre Sozialkontakte über die „Zeugen Jehovas" liefen, war an ein Ausbrechen aus der Sekte mit leichtem Schritt nicht mehr zu denken. Obwohl sich immer mehr Zweifel regten, je intensiver Monika und Werner Deppe hinter die Kulissen der Organisation und ihren Glaubensvorstellungen blickten. Werner Deppe schreibt nach Selters an der Lahn, der deutschen Zentrale der Zeugen Jehovas, und stellt einige kritische Fragen. Und zum ersten Mal erfolgen keine konkreten Antworten. Werner Deppe hat Widersprüche in der Lehre der Zeugen Jehovas aufgedeckt.

Doch noch lässt sich das Ehepaar beruhigen. Und noch immer sind sie überzeugt davon, mit ihrem Einsatz bei den Zeugen Jehovas etwas Gutes für den Gott der Bibel zu tun. Dann entdecken sie aber immer mehr Aussagen der Zeugen Jehovas, die in sich widersprüchlich sind, ja mit der Bibel, an die sie fest glauben, nicht im Einklang stehen. Doch vehement wird ihnen deutlich gemacht, dass die Versammlungsleiter der Zeugen Jehovas die richtige Lehre vertreten. Monika Deppe: „Jede gravierende Abweichung des einzelnen wird der Versammlungsleitung von anderen Zeugen Jehovas gemeldet, und man wird vor das Ältesten-Komitee zitiert."

Und nach diesen Erfahrungen sagt sie heute: „Zu einem Vertrauensverhältnis kommt es unter diesem Tugendterror kaum, deshalb gibt es nur sehr selten echte Freundschaften unter den Mitgliedern."

Monika und Werner Deppe entscheiden sich vorerst, nicht mehr aktiv für die Zeugen Jehovas zu werben. Werner Deppe erklärt einem regelmäßigen Bezieher des Wachtturms, dem er sein Abonnementexemplar immer persönlich vorbeibrachte, um ihn für die Sekte zu werben, das und warum er jetzt nicht mehr den Wachtturm bringen könne und auch nicht mehr die Lehre der Zeugen Jehovas erläutern würde. Der Mann nickt verständnisvoll, akzeptiert die Einstellung Werner Deppes – und informiert sofort telefonisch die örtliche Sektenführung. Inwieweit er als Informant auf die Deppes angesetzt war, lässt sich nicht klären, aber die Vermutung ist nahe liegend.

Parallel erklären Deppes nach sechsjähriger Mitgliedschaft den Austritt aus der Gemeinschaft der Zeugen Jehovas und werden gleichzeitig von der Sektenleitung ausgeschlossen. Mitgeteilt wird ihnen dabei, dass sie damit der ewigen Verdammnis anheimgefallen seien – eine Drohung, die sie psychisch schwer trifft. Monika Deppe: „Die psychische Zwangsjacke der Sekte hatten wir abgeschüttelt, aber uns fehlte eine Grundlage fürs Leben."

Doch trotz ihrer Sektenerfahrung ist ihnen klar, dass es den Gott der Bibel geben muss – nur nicht in der verzerrten Form, wie er ihnen von den Zeugen Jehovas dargestellt worden ist. Als sie Kontakt mit einem christlichen Hauskreis bekommen, üben sie große Zurückhaltung. Ein zweites Mal will man nicht in die Fänge einer obskuren Organisation geraten.

Als Werner und Monika Deppe ganz vorsichtig einen ersten Besuch wagen, sind sie überrascht: „Wir spürten sofort, dass hier eine ganz andere Atmosphäre herrscht als bei den Zeugen Jehovas." Und: „Wir erlebten, dass jeder ungezwungen sagen konnte, was er gerade dachte. Selbst über Fragen und Zweifel der Teilnehmer wurde offen geredet." Monika und Werner Deppe fällt auf, dass die Teilnehmer dieses Kreises ein freies und ungezwungenes Christsein leben, das Lebensfreude vermittelt und keinen Zwang ausübt.

> „Äußerlich änderte sich unser Leben nur wenig, doch waren wir uns seit dieser Zeit bei allem, was wir taten, der Nähe Gottes bewusst."

Nach der Rückkehr von einer Reise berichtet Werner Deppe freudestrahlend der Heimkehrerin: Jetzt habe ich endlich Frieden mit Gott! Ich habe Jesus Christus gebeten, von nun an der Herr in meinem Leben zu sein. ... Das musst du auch tun, damit du endlich Frieden findest für deine Seele."

Aber Monika Deppe ist skeptisch: „Ich habe keinen Nerv mehr für irgendwelche Neuerungen, ich glaube weiterhin an Gott, lese in meiner Bibel, bete – das reicht mir."

Im Laufe der nächsten Wochen grübelt sie allerdings immer öfter über die Worte ihres Mannes. Hatte sie doch festgestellt, dass er ruhiger und ausgeglichener geworden war. So fragte sie sich nach der Ursache: „Sollte er tatsächlich den lang gesuchten Frieden mit Gott gefunden haben?"

Aber „sein Leben Gott zu übergeben", erschien ihr doch ausgesprochen seltsam. Bis ihr die Worte Jesu aus dem Johannesevangelium begegneten: „Ich bin der Weg, die Wahrheit und das Leben …"

„Was soll man sich unter diesem ‚Weg' vorstellen?", fragte sie sich. Ein buchstäblicher Weg könne es ja nicht sein, sondern nur ein sinnbildlicher. „Ich vertraute noch einmal auf die Aussage der Heiligen Schrift", erzählt Monika Deppe heute, „und bat Jesus Christus in einem formlosen Gebet, er möchte doch mein Leben in seine Hände nehmen und mir endlich inneren Frieden schenken."

Als Beispiel für ihr Handeln hatte sie dabei die ersten Christen aus der Apostelgeschichte vor Augen. „Nach und nach zog eine tiefe innere Ruhe in mir ein, die mich seit dieser Zeit nicht wieder verlassen hat", berichtet Monika Deppe. Und: „Äußerlich änderte sich unser Leben nur wenig, doch waren wir uns seit dieser Zeit bei allem, was wir taten, der Nähe Gottes bewusst. Nach jahrelangem Suchen hatten wir, wenn auch über einen langen Umweg, endlich den Weg zu Gott gefunden."

Ein Leben für Nabwendo

Kinderkrankenschwester Ernie Stark geht erneut für drei Jahre nach Uganda

90 Kilometer von Ugandas Hauptstadt Kampala liegt die Nabwendo Dispensary, ein kleines Dorfkrankenhaus. Anfang der 90er-Jahre vom Deutschen Missionsärzte-Team e.V. eingerichtet, ist Ernie Stark seit 1994 für die Station verantwortlich. Nach einem kurzen Heimaturlaub verlängerte sie ihren Vertrag nun bereits zum dritten Mal und geht erneut für drei Jahre nach Uganda.

Für die Krankenschwester mit der theologischen Zusatzausbildung ist ihr Einsatz „eine Herzenssache". Auch wenn Nabwendo nur 24 Stunden Flugzeit plus 90 Kilometer Autopiste von Deutschland entfernt ist, liegen doch Welten zwischen den beiden Orten. Das sind nicht nur die bis zu drei Stunden Fahrzeit, die man mit dem Auto für die letzten Kilometer benötigt, wenn der Regen die Straße wieder einmal ausgewaschen hat. Stark macht das an vielen persönlichen Erlebnissen deutlich, die ihren Zuhörern manchmal vielleicht viel mehr von der Ferne und Fremdheit, von der Andersartigkeit der Lebensumstände sagen als der Krankenschwester, deren Großteil der vergangenen acht Jahre von ihrem Leben in Uganda geprägt ist. Den Rucksack, mit dem sie in der Hauptstadt Kampala unterwegs ist, trägt sie nicht auf dem Rücken, sondern vorne. „Sonst ist alles weg", kommentiert sie im Nebensatz auf Nachfrage einige Dias. Auch der Diebstahl der Krankenstationskasse gehört zum Alltag. „Die Diebe haben sich das Geld mit der Ortspolizei geteilt", weiß sie von einem Fall zu berichten und muss über die Empörung der Zuhörer lächeln. Uganda ist anders …

Aus einem Umkreis von bis zu drei oder vier Stunden Fußmarsch kommen die Patienten zu der Krankenstation, um sich medizinisch versorgen zu lassen. Hier steht dann ein größeres Team deutscher und ugandischer Krankenschwestern und Krankenpfleger bereit – einen Arzt gibt es nicht. Der ist im medizinisch unterversorgten Uganda erst im Stunden entfernten Kampala zu finden. Doch nicht nur die medizinische Versorgung, auch die Vorsorge hat sich Stark mit zu ihrer Aufgabe gemacht. Als sie 1994 zum ersten Mal in Nabwendo eintraf, war die Wasserversorgung eine hygienische Katastrophe und vermutlicher Auslöser zahlreicher Krankheiten. Acht Quellen wurden von Stark mit Hilfe des Missionswerkes World Vision durch ein bewährtes System der „Hilfe zur Selbsthilfe" gesäubert, mit Steinen eingefasst und mit Handpumpen versehen. Auch aus Deutschland flossen Gelder für das Material, unter Anleitung von Entwicklungshelfern bauten die Dorfbewohner die Quellen aus. Sogar Wartungstechniker wurden ausgebildet, die nun in der Lage sind, etwaige Defekte bei den robusten Handpumpen zu beseitigen und so eine hygienische Wasserversorgung auf Dauer sicherstellen.

Mittlerweile sind Stark und ihre Mitarbeiter auch in fünf mobilen Krankenstationen tätig. Mit dem Krankenwagen, dem zeitweise einzigen Auto im weiten Umkreis, werden weitere Dörfer in einem festen Rhythmus besucht. Das dreibis vierköpfige Team teilt sich vor Ort die Arbeit. Die Hebamme übernimmt die Vorsorgeuntersuchung der Schwangeren, es gibt eine allgemeine medizinische Versorgung der Erkrankten sowie die wichtige Impfung der Kinder und Jugendlichen. Regelmäßig gehört zu den Besuchen auch eine Einheit gesundheitlicher Aufklärung.

> „Wenn man die Menschen vor sich sieht, dann weiß man, dass man medizinische und geistliche Hilfe nicht einfach voneinander trennen kann."

Stark und ihr Team sind aber nicht nur bei körperlichen Gebrechen gefragt. Die im weiten Umkreis als Christin bekannte Krankenschwester wird überall, wo sie hinkommt, auch gebeten, „etwas für die Seele" zu tun. Entsprechend ist sie außerhalb ihrer medizinischen Tätigkeit viel unterwegs, um den Menschen von ihrem christlichen Glauben zu berichten, der sie motiviert, in Uganda als Krankenstationsleiterin tätig zu sein. „Bis zu 700 Leute kommen da schon einmal zusammen", berichtet die Krankenschwester, der auch schon passiert ist, dass sie in ein Dorf gerufen wurde, und erwartete, ein medizinisches Vorsorgegespäch führen zu müssen. Tatsächlich hatten sich aber Hunderte Dorfbewohner versammelt, um etwas von ihr über den Gott der Bibel zu hören. Stark freut sich sichtlich, dass sie den Menschen in Uganda ganzheitlich helfen kann.

Das will sie auch in Zukunft tun. Fragt man sie nach ihren Wünschen, kommt die Antwort wie aus der Pistole geschossen: Geld. Stark hat noch viele Pläne und sieht noch viele Möglichkeiten für Nabwendo. Doch die Mitarbeitergehälter und fast alle Klinikkosten müssen durch Spenden getragen werden, die Kranken sind kaum in der Lage, die medizinische

Versorgung zu bezahlen. So hat sich Stark in den letzten Jahren auch zur Organisatorin entwickelt. Sie kümmert sich um den möglichst preiswertesten Medikamenteneinkauf, motiviert die Mitarbeiter, bei Erweiterungsbauten selbst mit Hand anzulegen und kämpft um Unterstützungsgelder der Regierung und von Hilfsorganisationen. „75% meiner Arbeit ist Verwaltung", meint die gebürtige Schwäbin, und man weiß nicht, ob sie sehr froh darüber ist. Aber sie gibt mit ihrer Arbeit Tausenden von Ugandern die Chance auf eine bessere Zukunft.

Eine Frau verändert die Welt

Rosa Parks

Am Donnerstag, den 1. Dezember 1955 kam es zum Eklat. Rosa Parks, eine schwarze Amerikanerin, weigert sich in Montgomery, Alabama, ihren Sitzplatz im Bus für weiße Passagiere freizugeben. Das damalige US-amerikanische Rassentrennungsgesetz schrieb dies eigentlich vor. Rosa Parks wird verhaftet und erst gegen Kaution freigelassen.

Doch der Volkszorn der schwarzen Bevölkerung in Montgomery kocht über. Am Wochenende wird ein Boykott-Aufruf verbreitet: Am Montag soll kein schwarzer Amerikaner in Montgomery öffentliche Verkehrsmittel benutzen – ein stiller Protest gegen die menschenverachtende Gesetzgebung. Als am 5. Dezember der Streik erfolgreich beginnt, konnte noch niemand ahnen, dass er 386 lange Tage dauern sollte und welch einen Erfolg er haben würde.

Martin Luther King, Pfarrer in einer der größten Kirchen in Montgomery, hatte sich frühzeitig den Protest zu eigen gemacht. Auch er ahnte nicht, dass er damit zur führenden Persönlichkeit der schwarzen US-Bürgerrechtsbewegung werden sollte, die am Ende den Amerikanern die gesetzliche Gleichstellung brachte – egal welcher Hautfarbe man ist. Doch dem frommen Pastor Martin Luther King brachte sein Engagement den Tod. Er wurde 1968 brutal ermordet.

> „In meiner Kindheit habe ich viel Rassenhass gesehen. Das hat mich dazu gebracht, Gott zu vertrauen."

Gut fünfzig Jahre nach den Ereignissen von Montgomery feiert Rosa Parks ihren 92. Geburtstag. Auf ihr Leben zurückblickend sagt sie: „Schon als Kind habe ich gelernt, der Bibel zu glauben und auf Gott zu vertrauen. Begleitet hat mich vor allem der 23. Psalm: ‚Der Herr ist mein Hirte, mir wird nichts mangeln.' Und ein Abschnitt aus Psalm 27: ‚Der Herr ist

mein Licht und mein Heil. Vor wem soll ich mich fürchten? Der Herr ist meines Lebens Kraft, vor wem sollte mir grauen?'"

Dieses Gottvertrauen hatte Rosa Parks ihr Leben lang nötig. Sie war schließlich Auslöser und Kristallisationspunkt des Busboykotts von Montgomery. Verloren hat sie darüber nicht nur ihren Arbeitsplatz (bei einem weißen Arbeitgeber), sondern war auch das Ziel zahlreicher rassistischer Übergriffe.

Im christlichen Glauben erzogen, las Rosa Parks traditionell täglich in der Bibel – bis zu ihrer Heirat. Die war Anlass für sie, sich von dieser überkommenen Glaubenspraxis zu lösen. Doch als sie in Schwierigkeiten ihre Mutter um Rat fragt, kommt die Gegenfrage „wie ich denn meine Probleme lösen wolle – ohne Gott".

Ohne Gott konnte sie das gar nicht, stellte Rosa Parks fest. „Ich begann wieder mit dem regelmäßigen Bibellesen und habe seitdem nicht mehr damit aufgehört."

Darauf angesprochen, wie sie denn den immer wieder neu auftretenden Schwierigkeiten im Leben begegnen würde, konnte Rosa Parks deshalb die Standardantwort geben:

> „Dem einen gibt Gott die Kraft, einfach aufzustehen. Mir gab er die Kraft, im richtigen Augenblick sitzenzubleiben."

„Mein Glaube trägt mich durch."

92 Jahre alt, hat Rosa Parks noch Zukunftspläne. Ihren Urenkelkindern will sie den Gott nahebringen, den sie selbst tagtäglich erlebt. Und den Menschen predigt sie, dass Hass und die Ungerechtigkeit nur aufhören werden, wenn wir uns auf den Gott der Bibel zurückbesinnen.